Jb 44/1155 (Par Isoard, plus connu sous le nom de Delisle de Salles.)

DÉFENSE

DE L'ESSAI

SUR

LE JOURNALISME.

Se trouve, ainsi que l'ESSAI SUR LE JOURNALISME:

Chez D. COLAS, Imprimeur-Libraire, rue du Vieux-Colombier, N° 26, faubourg S.-G.;

PETIT, Libraire, Palais-Royal, Galeries de Bois, N° 257;

Et chez DELAUNAY, Libraire, Palais-Royal, Galeries de Bois, N° 243.

DE L'IMPRIMERIE DE D. COLAS.

DÉFENSE
DE L'ESSAI
SUR
LE JOURNALISME,

PRÉCÉDÉE

DE L'HISTOIRE DE LA CONSPIRATION

POUR ÉTOUFFER CET OUVRAGE.

Dat veniam Corvis, vexat censura Columbas.
JUVÉNAL, Satir. 2.

PARIS. — MARS 1813.

PRÉAMBULE.

Un homme du monde, plein d'esprit et de goût, mais ne se permettant pas d'écrire, pour ne pas se compromettre devant le tribunal des Journalistes du jour, qui ne lisent pas, mais qui jugent, ce qui est très-commode pour eux, mais un peu pénible pour la classe des Lecteurs intelligens; un homme du monde, dis-je, m'a transmis les anecdotes suivantes, nées au milieu des orgies facétieuses du carnaval, et que je recommande à la pieuse méditation de quelques Aristarques, qu'elles contrarient, dans ce saint tems de pénitence.

Le samedi, 20 février 1813, jour tristément mémorable pour une classe de pêcheurs impénitens, il se glissa dans le feuilleton du N° 51 du *Journal de Paris*, un *Appel aux Principes*, signé en toutes lettres d'un membre de l'Institut, qui, dans sa longue carrière, a bien donné quelques petites preuves de zèle pour les principes et de courage. Cet *Appel*, auquel personne ne s'attendait, fit une forte sensation. On s'arrachait ce feuilleton dans les cafés et dans les cabinets de lecture : les colporteurs, hommes et femmes, qui en prenaient à leur compte cinq à six exemplaires, vinrent au bureau du Journal en chercher vingt et jusqu'à quarante. L'engouement fut tel que, le lendemain, le rédacteur en chef du *Journal de Paris* fut obligé, pour se compléter, de retirer sa feuille à quatre mille exemplaires : il n'y avait point d'exemple d'un pareil événement depuis l'institution du Journal, vers 1777, il y a aujourd'hui trente-six ans.

Ce qui rend l'anecdote encore plus piquante, c'est que la même fermentation a eu lieu non-seulement à Paris, mais encore dans les départemens. On savait, huit jours après cette petite explosion, que ceux qui étaient voisins de Paris avaient témoigné pour l'*Appel aux Principes* la même curiosité que la Capitale. Puis fiez-vous aux Journalistes qui, après avoir étouffé, du moins autant qu'il était en leur pouvoir, les grandes ou les petites renommées, chargent leurs feuilles malveillantes, non d'analyses à la manière de Bayle, mais de billets d'enterrement.

Or c'est le lendemain de cette fermentation en faveur des Principes, qu'un Aristarque, qui a le malheur de ne pas les aimer, se glissant parmi les ouvriers du même *Journal de Paris*, est venu imprimer, à la face de tout Israël, que l'*Appel,* ainsi que l'ouvrage qui y avait donné lieu, était tombé, et que sa chute n'était pas sa faute. — Voici le texte lit-

téral : « Ce n'est pas moi qui ai fait tom-
» ber l'*Essai sur le Journalisme ;* le mal
» était fait quand je suis arrivé. » —Voyez
le N° 52 du *Journal de Paris*, dimanche
21 février 1813. La franchise un peu sauvage de l'homme de bien appellerait ce sarcasme une imposture méditée ; mais ce n'est pour moi qu'une espiéglerie du métier, faite pour grossir les compilations indigestes d'anecdotes.

Me voilà arrivé, par l'inconvenance que je relève, à l'ouvrage même dont l'*Appel aux Principes* est une ombre d'apologie. C'est, comme le dit très-bien le critique, qui ment avec tant de génie, l'*Essai sur le Journalisme*, ouvrage accueilli au moins de six cents lecteurs, non sans doute à cause du *génie*, car je ne veux rien avoir de commun avec mon Aristarque, mais à cause de l'amour du bien, qui y perce à chaque page, à cause de la décence qui en fait le caractère, et sur-tout à cause de mon audace généreuse de défier en masse une armée rangée en bataille, en serrant contre mon sein les soldats isolés et les capitaines.

Calculons maintenant les suites du mouvement de la journée du 20 février, en faveur du petit pamphlet, plein d'innocence, qu'on appelle l'*Appel aux Principes*. Le *Journal de Paris* se tire au nombre de huit mille exemplaires ; on a été obligé d'en retirer quatre mille nouveaux, ce qui porte le nombre total à douze mille. Or, d'après les tables d'arithmétique littéraire, il est prouvé que ce nombre d'abonnés suppose au moins quatre-vingt mille lecteurs. Il est difficile, malgré tous les sarcasmes de commande et tous les brevets d'ennui qu'on distribue, de supposer que quatre-vingt mille lecteurs ont tort de s'amuser d'une lecture, qui déplaît à une douzaine d'élèves de Fréron. Ici un zélé partisan de l'Evangile du goût et de la raison dirait : *Mentita est iniquitas sibi;* mais à Dieu ne plaise que cette imprécation théologique s'échappe de ma bouche! je n'aime, en qualité d'homme de lettres, que l'imprécation de la Camille de Corneille dans les *Horaces*, parce qu'elle ne blesse pas les convenances.

On a prétendu, car que ne prétend-on pas, quand on fixe les objets sans les voir, et qu'on juge les livres sans les lire ? on a prétendu que j'avais eu tort de terminer l'*Appel aux Principes* par la réunion de tous les textes les plus vigoureux qui sont répandus dans l'*Essai sur le Journalisme :* mais du moment qu'il y avait une conspiration bien ourdie pour étouffer cet ouvrage dans son berceau, par qui aurait-on connu cette petite philippique, si ce n'est par moi-même? Croit-on que les hommes que je dévoilais l'auraient transcrite à l'usage de leurs abonnés? Oui, j'ai réuni tous les traits épars, dans près de cinquante pages, pour en faire une espèce de miroir d'Archimède; et mon attente n'a pas été trompée. Il est même assez plaisant que le critique, qui le lendemain de mon succès, qu'il connaissait mieux que personne, voulait me prouver ma chute, soit venu se brûler au foyer du miroir.

Des hommes moins tolérans que moi m'accusent aussi de ne m'être égayé dans l'*Appel aux Principes* que sur un seul critique que je désigne, sans avoir tout-à-fait son signalement; mais j'observe que ce critique m'a attaqué le premier avec autant d'indécence que de mauvais goût; encore fais-je l'impossible pour ne pas deviner ni son hiéroglyphe, G, ni sa lettre C, ni tout autre caractère d'un faux alphabet, avec lequel il me perce par derrière incognito. Cet innocent stratagême est dans ma philanthropie, parce qu'il peut contribuer à sauver de plus nobles victimes.

D'ailleurs, craindrait-on que ma lance, comme celle du paladin Roland, pourfendît plusieurs Journalistes à la fois ? Est-ce qu'il existe dans l'empire des lettres deux hommes de la trempe de mon jovial Aristarque, dont le front soit d'acier comme son armure : qui, le jour où un livre semble s'élever dans la nue, atteste qu'il est tombé dans la fange : qui, pour jeter dans le fleuve de l'oubli Horace et Boileau, fait une nouvelle poétique, à l'usage des compilateurs de gazettes, et à force de plaisanter, à la manière des jodelets, rend pénible, pour l'homme de goût, jusqu'à la logique enjouée des épigrammes ?

A propos d'épigrammes, en voici une autre qui me tombe sous la main, et dont la gaîté seule doit faire justice. Il s'agit de l'*Essai sur le Journalisme,* dénoncé solennellement aux inquisiteurs du saint office littéraire, dans le N° 42 du *journal de Paris.* « Ce volume, que j'ai eu le
» *courage* de lire *tout entier,* peut se
» diviser en deux parties. Dans l'une,
» l'auteur dit beaucoup de bien de lui :
» dans l'autre, il dit beaucoup de mal des
» Journalistes. *Il ne pouvait mieux ar-*
» *ranger sa petite affaire.* » Quel style ! Ce n'est ni la force de Bossuet ni la douce onction de Massillon, encore moins la verve de Voltaire ; mais on y trouve le ton aisé d'un écrivain de bonne compagnie qui joue avec ses lecteurs, quand il en trouve d'autres que ses abonnés ou le prote qui corrige ses épreuves.

Je demande donc la permission, dans

le cours de cette nouvelle édition de *l'Appel aux Principes*, de continuer à signaler le seul Diogène qui insulte à tous les passans, du fond de son tonneau : mais si jamais, las de se donner en spectacle à des hommes qui ne le regardent pas, une noble pudeur vient à rougir son front, alors je remets dans le fourreau une épée dont le poids m'importune, et je rougis d'une trop facile victoire.

APPEL AUX PRINCIPES,

POUR SERVIR

A L'HISTOIRE DU JOURNALISME,

Transcrit littéralement du N° 51 du Journal de Paris, samedi 20 février 1813.

Depuis près d'un demi-siècle que je parcours presque dans tous les sens l'arène littéraire, je ne me suis jamais adressé aux trompettes ordinaires qui distribuent la renommée. C'étaient les hommes de goût qui, en lisant mes Essais ou en ne les lisant pas, indiquaient en silence à leurs contemporains le jugement qu'ils devaient en porter. Ce mode de consulter l'opinion publique est le plus lent, mais aussi il est le plus sûr : on va sans brigue à la considération et sans secousse à l'oubli.

Ce système est sur-tout le seul à adopter quand on a le courage d'attaquer le Journalisme en masse ; il faut s'attendre au droit de représailles : c'est celui de la nature, lors même qu'on est loin de cette nature originelle, qui semble ne plus exister que dans les rêveries philanthropiques des philosophes.

J'invite moi-même, avec la franchise la plus pure, toute cette classe d'hommes, qui en général s'occupent moins à penser qu'à habiller la pensée des gens de lettres : revêtant les ennemis qu'ils ont la maladresse de se créer, tantôt de la toge sénatoriale, tantôt de l'habit d'arlequin ; je les invite, dis-je, à m'attaquer, soit en phalange, soit corps à corps, je profiterai de leurs conseils, quand par hasard ils seront bons : je rirai avec eux, quand ils auront le talent de me faire rire. Quant à la décence à observer dans ces sortes de combats, je ne suis point en présence des anciens chevaliers de la Table-Ronde : je n'ai rien à prescrire, et le public nous jugera.

Il y a trois classes de Journalistes qui ont pu s'alarmer de la publication de mon ouvrage. Et pour que nos pavillons ne se confondent pas dans la mêlée, j'en dois donner le signalement.

Les premiers sont des hommes de talens,

faits pour juger leurs pairs et qui, en détrônant les renommées, n'oublient jamais qu'ils ont la leur propre à maintenir : ceux-là se tiennent à l'écart dans le camp de réserve, observant les chances du combat, et n'arborant leur étendard que quand ils sont sûrs de la victoire : de pareils adversaires ne sont point à redouter; ils font, comme sous les murs de l'ancienne Troie, échange de leurs armes, et ne luttent honorablement avec des hommes qu'ils estiment qu'après les avoir embrassés.

Je n'oublierai jamais un combat de ce genre que j'eus à soutenir le 26 auguste 1811, avec un journaliste de la première classe qui avait inscrit sur son casque la lettre A, hiéroglyphe que je traduisis par l'abbé Felez. Cet écrivain, d'un grand mérite, avait travesti, sans s'en douter, la petite épopée en prose que j'avais traduite de l'arabe sous le titre de *Tige de Myrte et Bouton de Rose*. Mais, revenu de lui-même aux principes, il mit dans un dernier paragraphe les poids dans la balance, et fit de ma traduction un éloge, exagéré peut-être, mais qui neutralisait en quelques lignes tout le venin de sa critique. Assurément ce littérateur généreux ne fera pas cause commune avec les écrivains vulgaires qui vivent du commerce de leurs éloges et du produit de leurs injures.

Une seconde classe de journalistes est composée de ceux qui travaillent clandestinement à étouffer toute célébrité juste ou illégitime qui les importune; un silence dédaigneux est leur talisman favori; et quand ils réussissent à soustraire un ouvrage aux trompettes vulgaires de la renommée, ils vont publiant par-tout que l'ouvrage qui leur déplaît est tombé : cette ruse carthaginoise opère son effet sur les livres qui n'ont rien de vivace; et comme l'absence des principes de vie est la même dans l'écrivain qui censure et dans le livre qui ne peut se défendre par lui-même, c'est une espèce de lutte entre deux squelettes.

On m'avait prévenu de cette tactique, et deux mois m'ont suffi pour la rendre inutile. J'ai fait juges de ma querelle les étrangers, qui ont le malheur d'avoir une littérature sans avoir de journaux, et ils m'ont fait gagner mon procès. Aujourd'hui, six cents exemplaires de mon Journalisme répandus en Europe par la voie du commerce, ou donnés à quelques personnes de poids, me mettent désormais à l'abri de cette fatale consomption. Une traduction en langue étrangère, qu'on prépare, achèvera de dérouter les écrivains, qui spéculent sur un silence qu'ils interprètent pour faire baisser les actions de leur change littéraire. Je triompherais de cette innocente espiéglerie si elle pouvait être compatible avec les élémens de la générosité.

La dernière classe des journalistes est composée d'hommes, en infiniment petit nombre; qui montant à la tribune sans moyens et haranguant sans auditoire, mettent du fiel à la place des principes, et remplacent la raison par des injures.

C'est dans cette caste sur-tout que se trouvent les écrivains à hiéroglyphes, qui, cachés derrière leurs lettres anonymes, insultent sans danger apparent tous les passans que leur machiavélisme peut atteindre. C'est contre ces forbans que j'ai tonné avec le plus de véhémence; ils se vengent et jouent leur rôle; le mien est de sourire, de feindre une ignorance que je n'ai pas et de pardonner.

Au reste, la diatribe contre mon Journalisme, dont un ami qui veille à l'honneur des lettres et de l'Institut m'a envoyé quelques textes isolés, pour arracher à ma tolérance naturelle quelques pages de réponse, m'a paru un peu contraire et pour le fond et pour la forme à l'atticisme français, dont nous nous sommes honorés, depuis l'avènement du goût dans les beaux jours du siècle de Louis XIV, jusqu'à l'explosion de la révolution. Alors, fidèle à mes principes, j'ai épaissi moi-même tous les nuages entassés sur l'hiéroglyphe de la lettre initiale de mon adversaire, tant je craignais d'arriver à un résultat, qui forcerait des lecteurs moins philanthropes que moi à le haïr: la haine est un poison lent qui empêche de digérer, et on ne s'y habitue pas comme Mithridate.

Une première tradition voulait que la lettre initiale du parthe masqué, qui décochait sa flèche en fuyant, fut un G mal fait; une seconde trouvait un C sans microscope; la dernière ne découvrait dans le C et le G que des lettres de contrebande. Au milieu de ce conflit d'opinions, j'ai adopté une ignorance raisonnée. Il m'a paru que la galanterie française ne permettait pas de lever des masques, même dans ces espèces de saturnales romaines, qu'on a défigurées sous le nom de carnaval, et mon ame pacifique s'est glorifiée de son incertitude.

Cependant il faut descendre à raisonner quelques minutes avec l'adversaire masqué qui ne veut que jouer avec sa flèche, ce qu'il ne fait ni à la manière de Pascal ni à celle de Lucien.

Je n'ai lu, dit-il, *que quelques pages de la Philosophie de la Nature.* Il est vrai que les journalistes, qui font du plus noble des arts un métier, ne lisent guère ; voilà pourquoi ils jugent si lestement. *Aussi m'abstiendrai-je de juger cet ouvrage.* Or le long article inséré dans le feuilleton du 21 février n'est autre chose qu'un jugement déguisé sous une forme, qu'on a tenté de rendre plaisante. Otez *la Philosophie de la Nature* de cet extrait, il n'y reste rien.

J'avais annoncé dans l'*Essai sur le Journalisme* qu'une huitième édition de *la Philosophie de la Nature* était toute prête, et que si elle trouvait des presses, elle trouverait des lecteurs : assurément ce texte n'offrait rien d'énigmatique. Il était tout simple que l'anéantissement gradué du commerce de la librairie et par contre-coup de la littérature amenât une stagnation (momentanée sans doute) dans les presses de la capitale (1).

---

(1) Quelques lecteurs timorés ayant mal entendu ce texte sur la stagnation momentanée du commerce de la librairie, la

Maintenant, au défaut de raisonnement, voici la parodie du feuilleton.

« Quoi ! *la Philosophie de la Nature* jouit
» d'une immense réputation en France et dans
» l'étranger, et cependant personne ne veut
» l'imprimer ! Des milliers de lecteurs sont là
» qui attendent la huitième édition toute prête,
» et pas une seule presse n'est à son service !
» Ces libraires, qui publient les ouvrages de
» tant d'auteurs qu'on ne lira jamais, ne veu-
» lent plus entendre parler de celui qu'on lira
» toujours ! » Cette tournure de plaisanterie qui
masque le vide du raisonnement est épuisée
jusqu'à la satiété dans un long paragraphe.

---

crainte de le voir empoisonner quelque jour par les petits inquisiteurs du Journalisme m'engage à l'interpréter moi-même.
Il est bien évident qu'une longue guerre contre un peuple qui
veut jouir exclusivement de la liberté des mers et du commerce,
peut paralyser, pour quelques momens, certaines branches de
l'industrie française. C'est l'effet de l'action et de la réaction,
dans une grande machine politique à poids et à contre-poids.
Aussi les libraires tentent-ils de vastes entreprises littéraires,
mais ne vendent rien en France, pas même les satires, qui ont
toujours été d'un débit certain parce qu'elles flattent la malignité :
mais cette stagnation, encore une fois, n'est que le jeu politique
du moment. La librairie française, et par conséquent la littérature, qui en partage les phases, j'en jure par la gloire du Héros
qui nous gouverne, ne tarderont pas à remonter à la hauteur où
les élevèrent les beaux génies du siècle de Louis XIV.

Je me hâte de franchir l'écueil où je me trouve engagé et de revenir à la langue des principes. Les morceaux que je vais citer de mon *Essai sur le Journalisme* ne le seront certainement par aucun des journalistes à parodies et à feuilletons; mais, comme ils renferment à quelques égards la poétique de l'art des analyses, je demande la permission, malgré ma juste répugnance, d'en transcrire ici quelques paragraphes.

« Messieurs les hypercritiques, qui sans avoir
» le grand talent de Laharpe, vous montrez
» toujours comme lui la férule à la main,
» revenez de vos antiques préjugés, et soyez
» bien convaincus que l'empire français, monté
» au période de grandeur où un héros l'a élevé,
» n'a aucune affinité avec un collége, fût-ce
» avec celui que fonda Charlemagne. Vous
» pouvez bien, avec votre jargon pédantesque
» et votre éloquence de phrases, donner, du
» haut de vos chaires, des décrets qui cha-
» touillent l'orgueil de votre auditoire, quand
» ils ne l'endorment pas; mais quelque dégradée
» que soit l'opinion publique, il y a toujours
» quelques hommes de goût du bon tems qui
» vous obsèdent de leurs yeux d'Argus, qui

» cassent vos décrets à mesure qu'ils émanent
» de votre faculté, et vous condamnent, comme
» Erostrate, Zoïle et Fréron, de facétieuse
» mémoire, à la plus sinistre des célébrités.

» Pour moi, qui vous aime comme hommes,
» sans vous estimer beaucoup comme simples
» journalistes, qui vous dévoile en masse et
» voudrais comme individus vous serrer contre
» mon sein, écoutez les conseils de bienveillance
» que je vous donne : ils sont purs comme le
» cœur de l'homme de bien, et comme j'espère
» que le seront un jour vos remords.

» L'idée de monter tous les matins, à une
» heure déterminée, dans une chaire de pro-
» fesseur pour régenter l'Europe, dont les dix-
» neuf vingtièmes des hommes instruits ne vous
» regardent pas, et le reste sourit de dédain,
» est une des extravagances les plus complètes
» de l'esprit désorganisateur. Une pareille pro-
» fession ne peut s'ennoblir que quand on a des
» lumières et sur-tout un cœur, parce qu'alors
» on la rend tutélaire. Sous ce dernier point de
» vue, la profession dangereuse dont je parle est
» un art, sous le premier ce n'est qu'un vil
» métier......

» Sur-tout ne vous imaginez pas que les

» jugemens qui échappent tous les matins quel-
» quefois à une jalousie déguisée, et souvent à
» la haine contre les principes, aient le plus
» léger poids dans une opinion publique même
» dégradée. On rit, quand on est né malin, et
» de l'auteur censuré et de l'auteur qui censure.
» J'ajoute que quand le lecteur a du goût et de
» l'ame, par la raison seule qu'il voit un
» oppresseur et une victime, il prend le parti
» de la victime sans la connaître, et voue
» l'oppresseur, qu'il ne connaît que trop, à
» l'opprobre et à la vengeance.

» Je ne vous conseille pas trop de relever les
» nains qui vous adulent, pour obtenir un para-
» graphe adulateur dans vos journaux morti-
» fères ; ces apothéoses anticipées sont des
» brevets de chute; peut-être même ces pygmées
» mourront-ils avant vous, ce qui est beaucoup
» dire ; car d'ordinaire vous êtes morts vingt-
» quatre heures après que vous avez dédié à
» l'immortalité vos sublimes analyses.

» Sur-tout, et c'est le plus sage conseil que
» vous puissiez tenir de ma bienveillance, ne
» vous avisez pas de détrôner les renommées ;
» elles renaissent comme les têtes de l'hydre de
» Lerne, sous le fer qui les mutile ; je dis plus :

» chacune de vos analyses calomniatrices ajoute
» un nouveau fleuron à la couronne du beau
» génie dont vous tentez de salir la gloire; une
» rosée céleste survient, elle fait tomber vos
» ordures, et la tête devient plus rayonnante
» que jamais.....

» Qu'ont gagné des tartuffes de la littérature
» (qui heureusement ne sont qu'en très-petit
» nombre) à dire que des élus, qu'ils avaient
» chassés de leur autorité privée du paradis
» terrestre, allaient être totalement oubliés?
» — Oubliés! est-ce qu'un tel mot doit être
» prononcé par des écrivains d'un jour, qui ne
» sont sortis de l'oubli que pour y rentrer à
» l'instant? Ah! s'il leur reste une ombre de
» pudeur, ils doivent désirer que la génération
» présente, car ils n'en verront pas d'autres,
» oublie leurs noms et leurs ouvrages.....

» Il vous est arrivé plus d'une fois de blas-
» phêmer contre une immortalité dont cepen-
» dant, dans vos rêveries orgueilleuses, vous
» avez quelquefois espéré de jouir, du moins
» pendant cinq ou six jours: eh! de quel droit
» prononcez-vous ce mot sacré d'immortalité
» qui, comme celui de l'ineffable Jehovah, se
» lit, mais ne se prononce jamais! est-ce que vous

» en avez la plus légère idée ? Newton, qui avait
» tant de droits à prononcer les noms de *Dieu*
» et d'*immortalité*, ôtait son chapeau avec un
» silence religieux quand ces mots sortaient de
» son cœur pour arriver à sa bouche. Petits
» embryons littéraires ou anti-littéraires, imitez
» le créateur de la gravitation, rentrez dans la
» poussière et taisez-vous.

» L'immortalité ne doit être définie et dis-
» tribuée que par les grands hommes qui en
» jouissent par anticipation. Corneille, après la
» création du *Cid*, pouvait la donner à Racine,
» et l'ôter à Rotrou quoique son maître et à
» Longepierre. Mais vous, petits vers phos-
» phoriques, qui brillez une soirée pour dis-
» paraître au point du jour, il vous convient
» bien d'être les dispensateurs d'une immortalité
» que vous n'aurez jamais en partage ; de faire
» des élus, quand, à l'exemple des femmes,
» déshéritées par l'évangile de Mahomet, vous
» ne verrez jamais le paradis que par l'embrâsure
» d'une fenêtre ! »

Je n'ai plus qu'un mot à dire à l'anonyme d'un feuilleton qui, à propos d'une sottise de Grimm enfouie dans sa verbeuse correspondance, m'a traduit au tribunal littéraire du

Journal de Paris; c'est que, quand on a le courage de défier seul la phalange entière des journalistes du second et du troisième ordre, rangée en bataille, il est difficile de voir dans la mêlée un enfant perdu, qui se glisse furtivement pour défendre leur cause; j'ajouterai, mais en général, et sans désigner personne, que même dans les derniers rangs de la phalange que je défie, il peut y avoir des grades plus ou moins distingués. Homère, un des hommes de génie par excellence, nous a donné à cet égard, à propos de Thersite, une échelle de proportion dans son *Iliade* immortelle. Or, on sent qu'un journaliste sans caractère, mais né avec le besoin de nuire, peut être dans sa caste ce qu'était Thersite parmi les rois que commandait Agamemnon.

RETOUR AUX PRINCIPES,

OU

SECONDE PARTIE DE LA DÉFENSE

DE L'ESSAI SUR LE JOURNALISME.

LE succès inespéré de l'*Appel aux Principes*, qui s'était glissé sans bruit dans un coin du N° 51 du *Journal de Paris*, me fait peut-être moins d'honneur qu'au bon esprit du public, qui a bien voulu l'accueillir. J'attribue cette espèce de triomphe au mot magique de Principes, qui a tant de pouvoir sur les hommes supérieurs aux petites intrigues, aux petites vengeances de l'amour-propre. Satisfait de la fortune peut-être un peu trop brillante de mon opuscule, je reviens sur le théâtre, non pour me mesurer sans cesse avec des êtres invisibles, qu'aucune épigramme ne saurait atteindre, mais pour voir un moment le spectacle du côté des machines. C'est là que j'apprécierai mieux le prestige de certains triomphes, comme le néant de certaines chutes. Parler de l'art, en étendre, s'il est possible, les limites, mais n'en donner que les élémens, pour ne pas faire dégénérer un petit aperçu philosophique en un lourd traité, voilà l'objet de mon travail. A la hauteur où je me placerai, je verrai les masses et non trois ou quatre Journalistes qui braquent contre moi leur télescope.

D'ailleurs il m'importe infiniment de terminer aujourd'hui, s'il est possible, une guerre de plume qui pèse à ma philanthropie. Je saurai, par l'effet que produira cette bluette sur la tête mal organisée de quelque Scioppius, si la petite guerre que l'amour du bien public me fait entreprendre mérite le combat en règle des héros de l'Iliade, ou la parodie joyeuse de la guerre des Rats et des Grenouilles.

Lorsqu'à la fin de ma carrière je me suis constitué le défenseur officieux de la littérature, comme je l'avais déjà fait dans la cause des Déportés de fructidor et dans celle des Académies, je ne me suis point fait illusion sur les suites de mon courage : mais j'ai cru éloigner le danger en tonnant contre les délits et en ne parlant en général qu'avec urbanité des coupables; d'ailleurs j'ai le bonheur de croire à l'immortalité, et je me flatte toujours que si mes contemporains s'endorment comme Montaigne, sur l'oreiller de l'insouciance, ils seront justes du moins envers ma mémoire.

Lorsque l'*Essai sur le Journalisme* parut, le fléau, dont je gémissais, était à son comble : l'anarchie était complète dans cette république des lettres qui avait tant honoré les deux derniers siècles par ses excellens ouvrages, et par la dynastie non interrompue de ses grands hommes. Une douzaine d'anarchistes, il n'y en a jamais eu davantage à la fois, succédant à Fréron, de facétieuse mémoire, mais ne le valant pas, tapis obscurément sous le bouclier d'une lettre alphabétique, distribuaient à leur gré la gloire et l'ignominie, détrônaient les hautes renommées et portaient des pygmées, comme eux, à l'apothéose. C'était sur-tout dans les journaux, qui s'honorent moins de leur goût que du nombre de leurs lecteurs, que cette épidémie faisait le plus de ravages : on attaquait bien les journalistes isolés, mais non le journalisme même. Le feu sacré du goût était sur le point de s'éteindre; j'osai jeter moi seul le gant du combat à cette petite horde d'usurpateurs :

et telle est l'origine de l'ouvrage, faible, si l'on veut, du côté du talent, mais fort d'amour du bien public, et non dépourvu d'une sorte de véhémence, commandée par le sujet, dont je me fais gloire d'avoir donné la première idée à mes contemporains.

Il est souverainement indécent qu'une douzaine d'hommes sans titres et d'ordinaire sans moyens, alignent des phrases sonores ou plates au cordeau, pour dire ce qu'ils ne pensent pas, quand ils ont quelque tact, et ce qu'ils pensent, quand ils sont mal organisés, sur les livres que les libraires soumettent à leur dissection anatomique : l'indécence redouble quand on apprend que le scapel souvent ne s'exerce sur eux, que parce que l'auteur n'a pas mendié quelque paragraphe adulateur dans leurs feuilles de sibylles, vains jouets des vents, et qui ne fleurissent un jour que pour se dessécher le lendemain.

Il est souverainement odieux qu'un infiniment petit nombre d'intrus se partagent ce bel empire des Alexandre de la littérature, fondé par les Pascal, les Fénélon, les Corneille, les Molière, les Rousseau, les Voltaire et les Montesquieu, pour remplacer ces grands hommes par des héros d'argile, créés dans leur atelier de Prométhée, mais à qui ils ont oublié de donner une ame, n'ayant point à leur disposition, comme l'audacieux fils de Japet, le feu du Soleil.

Enfin l'odieux, l'indécence et l'absurdité sont à leur comble, quand ces usurpateurs de la puissance littéraire, retranchés derrière leur alphabet hiéroglyphique, décochent leurs flèches empoisonnées à tous les passans, qui ne les connaissent pas, ou qui, par une haute sagesse, feignent de ne pas les connaître, prenant le sifflement de leurs flèches pour la sureté de leur atteinte, et la vertu des ennemis qu'ils ont la maladresse de se créer pour de l'impuissance.

C'est dans cet état de choses que j'ai pris en main une plume aussi bienfaisante que vigoureuse. J'ai limité singulièrement le nombre des ennemis des lettres : je n'en ai signalé presque aucun individuellement : tout ce qui portait sur son front le signe réprobateur de Caïn a pu s'échapper dans la foule ; en un mot j'ai tenté de réprimer le délit, mais sans désirer de trouver des coupables. Ce caractère a été remarqué dans les nombreux écrits échappés à ma plume pendant plus d'un demi-siècle. En mettant à part le talent qui met une barrière insurmontable entre les grands hommes et moi, je pourrais dire, sur la fin de ma carrière, comme le créateur de *Zaïre* et de *la Henriade*:

J'ai fait un peu de bien, c'est mon meilleur ouvrage.

Lorsque l'*Essai sur le Journalisme* fut imaginé, je comptais n'y consacrer que cent pages. La mine me présenta de nouveaux filons, à mesure que je l'exploitais : j'étendis mon livre à mesure que j'en corrigeais les épreuves ; et comme j'écrivais toujours de verve, on l'a lu avec quelque indulgence lorsqu'il s'est élevé à la hauteur d'un volume.

Pour rendre cet Essai digne de l'attention publique, il fallait qu'il n'y eût ni présomption de ma part, ni critique amère des individus que je plaçais sur la scène. La loi mettait, dans Rome, un fouet à la main du Censeur, et il s'en enorgueillissait : j'aurais été un fort mauvais Censeur, même dans la Rome des Camille et des Cincinnatus ; car je n'aurais flétri personne, et j'aurais remis ma verge au licteur qui précipitait les criminels du haut de la roche Tarpéïenne : quant à l'orgueil, il ne sied à personne, même quand on aurait écrit l'*Enéide* ou éveillé les oies qui sauvèrent le Capitole.

Fidèle à mes principes, je n'ai parlé de moi dans mon livre qu'avec la timide circonspection d'un homme qui se défie de ses forces. J'ai affaibli tous les honorables suffrages que j'ai reçus : cependant je suis loin de croire qu'à l'exemple du Satan de Milton, je n'aye combattu contre les demi-dieux du Journalisme qu'avec mon impuissance.

Tels ont même été, à cet égard, mes principes (je demande pardon à quelques Journalistes vulgaires d'appuyer si souvent sur ce mot qui les contrarie), tels ont été, dis-je, mes principes, que dans mes Elémens de l'Histoire, qu'on trouve à la page 257 de l'*Essai sur le Journalisme*, obligé de parcourir moi-même la filiation des écrits auxquels je dois une ombre de renommée, j'en ai parlé avec une sévérité qui aurait fait tomber la plume colérique des mains d'un Fréron.

Quant à la circonspection que je devais mettre en signalant les fléaux de notre littérature, elle a été extrême, et je suis loin de m'en repentir : je n'ai jamais attaché, ainsi que je l'ai fait entendre, aucune importance à une critique purement littéraire : en publiant un ouvrage, je le mets sur la fragile nacelle de la renommée, qui tantôt le conduit au port et tantôt lui fait faire naufrage : si par hasard le critique, qui la voit arriver à pleines voiles, affirme qu'elle a été submergée dans la mer des tempêtes, sa faible imposture n'est pas faite pour me blesser; il peut dire une fois dans une feuille éphémère que mon livre n'est plus; et mon livre, qu'on a l'indulgence de relire sans cesse, atteste à chaque instant, non-seulement qu'il existe, mais qu'il inhumera dans le même caveau et l'imposteur et l'imposture.

Je ne puis donner une démonstration plus mathématique de l'espèce de circonspection religieuse avec laquelle j'ai parlé de mes détracteurs, qu'en priant les hommes qui ne dénigrent pas, mais qui lisent, de parcourir, à la page 184 de mon livre, le petit chapitre qui a pour titre : *De l'OEuf de Léda, qui a donné naissance à notre parodie de la Guerre de Troye.* Mon adversaire, P. Janin, déguisé sous la lettre D du *Journal de l'Empire*, avait mis quelque magnanimité dans sa diatribe anti-philosophique, quelques correctifs dans ses injures : voyez aussi, surtout si vous allez jusqu'à la page 210, combien j'affaiblis tous les traits qui s'offrent d'eux-mêmes dans mon carquois, comme j'appréhende de le trouver coupable : il aurait presque été un demi-dieu pour moi, si ma main profane avait pu travailler à son apothéose.

Il n'est point inutile d'observer ici que c'est dans ce chapitre de vingt-cinq pages que se rencontrent tous les calembourgs tant répétés depuis par les de Bievre de nos jours, et qu'ils étaient incapables de racheter par un *Séducteur;* calembourgs sur le prétendu oubli où est tombée *la Philosophie de la Nature*, sur le vers *insolent* de mon buste, qui n'a jamais existé que vingt-quatre heures : c'est aussi là qu'on trouve l'aveu dont on s'enorgueillit, de n'avoir pas lu une ligne, du moins imparfait de mes ouvrages, qu'on s'est amusé à déchirer. Ce chapitre de l'*OEuf de Léda* est d'autant plus curieux pour la circonstance présente, que le poison à chaque paragraphe se trouve avec l'antidote. On y lit les preuves péremptoires de la fausseté ou de la perfidie de toutes ces anecdotes. La date de ce petit libelle, sans méchanceté sans doute, est du 18 mai 1811. Vingt-deux mois se sont écoulés depuis, et aujourd'hui 22 février 1813, ceux de mes amis qui me transcrivent les textes innocemment virulens des journaux du jour, m'annoncent que tous ces mensonges y sont répétés jusqu'à la satiété, sans que personne y croye, pas même le journaliste qui les répète. Mais qu'importe! quand on ne ferait qu'un prosélyte sur dix mille lecteurs, c'est toujours une conquête dont l'orgueil sans moyens se glorifie.

Je reviens avec complaisance à mon *OEuf de Léda,* parce qu'il renferme tout le secret de la petite conspiration de quelques compilateurs de gazettes, pour étouffer à sa naissance l'*Essai sur le Journalisme* ; cet œuf est de nature à ne pas se casser, sans faire quelque explosion.

Ce n'est point un petit triomphe, dans ma lutte avec les agens du Journalisme, de voir le concert qui règne depuis vingt-deux mois dans tous les détracteurs, soit de *la Philosophie de la Nature,* soit de mon dernier ouvrage, à déclarer qu'ils n'en ont point fait la lecture ; mais, si on n'est pas descendu à lire ces deux écrits, il y avait une sorte de pudeur à ne pas les juger. La pudeur est toujours bonne à quelque chose, même lorsqu'on s'oublie : elle sert à trouver grace auprès d'un lecteur indulgent, quand celui-ci se sent disposé à pardonner les injures.

Je pardonne bien sincèrement à mes critiques de n'avoir pas lu *la Philosophie de la Nature*. Un ouvrage en dix volumes in-8°, hérissé de recherches scientifiques et de spéculations sur l'origine des êtres, est un aliment de dure digestion pour des estomacs sans ressort, et des bouches accoutumées à mâcher à vide; mais du moins fallait-il lire le *Journalisme*, espèce de catéchisme, pour les adeptes dans l'art de nuire, qui renferme à la fois la demande et la réponse. Malheureusement, il s'est trouvé qu'une lecture de vingt-cinq pages était encore trop fatigante pour des hommes blasés, à qui il est bien plus aisé de censurer que de lire ce qu'ils censurent. D'ailleurs, il y a un droit des gens particulier pour les Forbans : tout ce qu'ils touchent est de bonne prise, pourvu qu'ils le souillent de leur haleine, comme les Harpies du lac Stymphale. Le tombeau du goût est presque toujours le tombeau de la morale publique. Ici mon caractère connu me défend la plus légère allusion.

Cependant il s'est trouvé, m'a-t-on dit, dans la liste des critiques désœuvrés, qui vivent de mes dépouilles, un homme assez franc pour déclarer qu'il avait eu le *courage* de lire *en entier,* observez ce mot, mon *Essai sur le Journalisme.* Ce *courage* m'a paru une facétie, quand le concert de tous les hommes qui m'ont lu atteste que la modération, la décence, l'attachement aux principes, constituent, au défaut du génie qui me manque, la base de ce plaidoyer en faveur du goût et de la raison.

Mais, que mon critique soit facétieux ou non, peu m'importe : il a la franchise de vouloir s'éclairer avec moi, et ce mode de me combattre lui donne un titre à ma reconnaissance.

Ayant une belle action à faire, j'ai été tenté d'entrouvrir un moment le casque sans visière, derrière lequel se cache ce noble paladin : j'ai voulu deviner si l'hiéroglyphe de la lettre est un G ou un C., ou tout autre caractère d'un faux alphabet. La difficulté de deviner juste (car je ne suis point sur le trépied de la Pythie) a suspendu mes recherches ; mais je le désignerai assez, en disant que c'est l'Aristarque qui, dans le N° 52 du *Journal de Paris*, daté du 21 février dernier, s'est hâté de me répondre, lorsqu'à peine il avait eu le tems de me lire. Je vais donc lui payer le tribut d'éloge que méritent son retour aux principes, son impartialité, et, si l'on veut, son courage.

Je me suis hâté de compulser l'*Essai sur le Journalisme*, et j'ai vu, non sans surprise, que le trait de lumière que nous cherchions tous deux, mon généreux adversaire et moi, se trouvait précisément dans le chapitre de l'*OEuf de Léda*, dont j'ai fait l'analyse : alors, aussi honteux que le renard de La Fontaine, qui cache sa queue, j'ai retiré prudemment et ma reconnaissance maladroite et mon éloge.

Nous ne sommes pas au terme de nos surprises. Je vais démontrer maintenant que le paladin consciencieux qui se glorifie du *courage* de m'avoir lu, s'est joué de ma timide innocence. Le chapitre de vingt-cinq pages, où est le dénombrement de tous les blasphêmes de *la Philosophie de la Nature* et de l'*Essai sur le Journalisme*, avec ma réponse catégorique à toutes les objections, mon interprétation de tous les faits controuvés ou envenimés par les Fréron du dix-neuvième siècle, et ma modeste apologie; ce chapitre, dis-je, que mon faux chevalier de la Table-Ronde a eu le *courage* de lire; eh bien! il ne s'est rencontré ni sous ses yeux, ni sous sa plume; la preuve géométrique en est que jamais, avec sa franchise connue, il n'aurait ressuscité les contes des *Mille et une Nuits* entassés dans la réponse qu'il m'adresse. C'est bien ici que je serais tenté de le renvoyer au fameux mot de Pascal, quand il prend à partie le père Valérien, dans ses *Provinciales*. L'Atticisme français m'empêche de répéter ce mot qui a fait proverbe; mais il m'est démontré que mon paladin n'a jamais eu le *courage* de lire mon Mémoire contre le Journalisme, qu'il est *chargé*, dit-il, sans doute par une mission d'en haut, d'analyser; car il y aurait vu la réponse à tous ses sophismes. Cet argument est si péremptoire, qu'il y aurait de la cruauté à s'y arrêter davantage.

Mes amis, encore une fois, lisez les vingt-cinq pages de mon *OEuf de Léda*; la pierre philosophale est là; et le lecteur le moins clairvoyant deviendra adepte, avant d'arriver au dernier paragraphe.

A la petite escorbarderie de mon jésuite déguisé, se joint l'ignorance la plus profonde des faits publics dont il se rend l'interprète. Il répète à chaque instant que ce qui a fait la fortune passagère de *la Philosophie de la Nature*, et lui a procuré le hasard heureux de sept éditions originales, ce n'est pas son mérite, qui est nul, mais le succès de contrebande, que lui a donné l'avantage *d'avoir été brûlé par arrêt du Parlement*. Eh bien! il n'y a pas un mot de vrai dans cette allégation. Le critique, maladroit à dessein, se fait l'interprête du siècle dernier, sans avoir consulté aucun mémoire contemporain. Le Parlement n'a jamais fait brûler mon livre: il a échappé aux réquisitoires du grand dénonciateur Séguier; le clergé, consulté dans le tems sous la présidence de l'archevêque de Toulouse, Brienne, refusa de le mettre à l'index : la Sorbonne même, ce que je ne devais guère soupçonner, garda un silence prudent. Tout l'orage vint de la part de quelques jansénistes du Châtelet, qui, me croyant transfuge de Port-Royal, m'intentèrent le procès le plus bêtement odieux, le gagnèrent au Sanhédrin de la petite église des convulsionnaires, mais le perdirent au tribunal du public; et même devant les Chambres assemblées du Parlement. Tous ces faits sont de notoriété publique, et il n'y a dans le monde que le journaliste qui a eu le *courage* de lire, et qui n'a rien lu, à qui il ait été donné d'autoriser de son honorable suffrage cette ridicule anecdote.

Comme il ne faut pas laisser un seul buisson d'épines dans ma route sans l'arracher, j'en viens à la charmante petite espiéglerie échappée à l'Aristarque qui lit et ne lit point; qui se pique de courage, et qui n'a trop souvent que celui de la forfanterie; qui sait tous les contes d'antichambre, et qui se garde bien de consulter sur les origines les maîtres de la maison. Cet homme difficile prétend que mon livre si court, si substantiel, sur le Journalisme, l'*ennuie*. A la bonne heure : il faut mettre cet ennui de commande avec les particules explétives de la langue grecque : c'est un mot dont on se sert quand on n'en trouve pas d'autres sous sa plume, et qui donne quelquefois de la rondeur à une période. L'abbé Trublet disait aussi que le plus beau génie de son siècle semait l'*ennui* dans ses ouvrages immortels. Tout le monde connaît la réponse de l'Hercule au Pygmée :

L'archidiacre Trublet prétend que je l'ennuie;
Sous son bonnet carré, que ma main jette à bas,
Je découvre, en riant, la tête de Midas.

Je me hâte d'arriver aux idées générales, de renouer aux principes le fil de mes innocentes plaisanteries.

Il y a un jargon convenu, comme au bal masqué de l'Opéra, dans les analyses qui échappent aux critiques vulgaires. Par exemple, la *célébrité* est un mot vide de sens, quand nous ne la dispensons pas. — Nous nous connaissons un peu plus à l'*ennui*, parce qu'on définit ordinairement bien le sentiment qu'on est dans l'habitude d'inspirer. — Parvenus au dernier degré de scepticisme, par les connaissances profondes que nous avons négligé d'acquérir, nous vouerons à jamais à l'anathème la *Philosophie* ou l'amour de la Sagesse, qui nous dévoile; la *Tolérance*, dont la raison humaine a tant abusé pour nous faire grace, et surtout le fantôme de l'*Immortalité*.

Voilà cependant les petites bévues où conduit l'habitude de ne parler qu'à des papiers morts, placés sur un pupitre. Les recueils de journaux éphémères, ou insignifians, ou menteurs, ne mènent qu'à la devise de Montaigne; *Je sais que je ne sais rien*. Il y aurait peut-être un peu plus d'avantages à ne pas nier les principes, lorsqu'ils blessent la petite vanité, et à réformer par le commerce avec les hommes instruits les faux jugemens qu'on contracte en copiant des gazettes.

Cependant ce petit métier, qui heureusement pour les Lettres ne fait vivre qu'un infiniment petit nombre d'individus, leur donne parfois des accès de vanité. L'idée que tous les matins, à une heure fixe, que leur cerveau soit vide ou plein, ils trouveront des milliers de lecteurs, leur enfle la tête : ils ne rêvent que gloire, que célébrité : malheureusement le bon La Fontaine se trouve quelquefois caché dans un coin du cabinet de travail, et leur dit à l'oreille la moralité d'une de ses Fables :

Mon ami, qui te savait là ?

J'ai dit sans malice, à propos de principes, quelques vérités générales sur tous les contes qu'on ressasse pour m'ôter quelques heures d'un sommeil fugitif : alors traversant d'un coup-d'œil un intervalle de quarante-deux ans, je suis remonté vers le 21 février 1770, époque où Grimm, chevalier de Saint-Wolodimir, lança, du haut de sa grandeur d'emprunt, quelques épigrammes contre *la Philosophie de la Nature*, jusqu'au 21 février 1813, qu'un humble journaliste, qui coud des paragraphes de gazettes l'un à l'autre, afin de régir le monde littéraire, qui l'aperçoit à peine, même à l'aide d'un microscope, vient de se constituer son écho et de lancer contre le même ouvrage, mais très-clandestinement, une *diatribe pleine de fiel et d'ennui*, (ce sont ses termes que je transcris), diatribe qui servira à en rehausser le prix, si les banqueroutes de quelques libraires lui ôtent accidentellement sa valeur (1).

Au reste, je suis loin d'attacher à une pareille querelle quelque importance. Il faut que tout le monde vive, disait l'abbé Desfontaines ; l'abeille qui se nourrit de son miel, et la guêpe qui s'engraisse de ses piqûres : Pascal qui fait les *Provinciales*, et Gacon qui publie l'*Anti-Rousseau* : Homère qui crée son immortalité, et Fréron qui se joue de toutes les apothéoses.

Quelques hommes, dont l'amitié m'honore, ont cru trouver une teinte d'égoïsme dans cet *Essai sur le Journalisme*, qui ne mortifie plus d'un amour propre, que pour cicatriser un jour plus d'une blessure ; je prie ces hommes sages de considérer qu'on m'a condamné à me défendre. Seul, j'aurais attendu du tems une petite célébrité que je ne recherchai jamais,

---

(1) J'invite le lecteur homme de goût, qui veut juger un procès par les pièces justificatives, de jeter les yeux sur la note de la page 216 de l'*Essai sur le Journalisme*, que le Censeur a eu le *courage* de lire *en entier*, et la conscience de feindre de n'avoir pas lue : il prononcera par lui-même sur le sel ou l'insuffisance de l'épigramme.

et qui m'est venu trouver presque malgré moi ; mais je suis membre du premier corps littéraire de l'Europe : c'est par respect pour lui, que je suis entré dans une lice qui répugnait à la fois à mon amour du repos et à ma philanthropie ; mais je crois avoir ennobli ce combat littéraire, en m'oubliant le plus qu'il m'était possible, lorsque je voyais la chose publique en péril, en circonscrivant mes ennemis dans l'enceinte la plus étroite, et en donnant la plus grande latitude à la théorie de l'art, qui devait faire tomber la plume de la main des prévaricateurs.

Au reste, j'avais répondu d'avance, à la page xliv de mon livre, à cette imputation d'égoïsme, qui ne m'afflige que parce qu'elle a atteint quelques hommes dont j'ambitionne le suffrage. Il s'agit d'un simple calcul arithmétique, tendant à prouver qu'il n'existe pas dans la littérature française un seul ouvrage destiné par sa nature à une apologie, où il y ait moins d'apologie. Je transcris le paragraphe.

« J'ai eu la patience de calculer page par
» page, et presque ligne par ligne, tout ce qui,
» pour des yeux vulgaires, semble tenir à
» l'amour propre offensé, et de le mettre en
» rapport avec mon Essai qui en est indépen-

» dant; or j'ai vu, avec une satisfaction bien
» douce, que dans cet ouvrage, composé de
» 344 pages, il n'y en avait pas un tiers destiné
» à ma futile défense; et que tout le reste était
» consacré à dresser un code pour un art qu'on
» n'en croyait pas susceptible, à écrire les
» annales piquantes du Journalisme, depuis
» 1665, jusqu'à nos jours, et à remonter aux
» élémens de l'histoire. »

A mesure que j'avance dans mon travail, je sens que je respire un air plus pur. Lutter avec des ennemis invisibles, qui écrivent pour écrire, sans but fixe, si ce n'est de nuire, sans connaître les élémens de la saine littérature, se jouant des principes qu'ils n'ont pas créés, affichant une ignorance que leur genre de vie, lourd et monotone, les empêche de secouer; lutter, dis-je, avec de pareils ennemis, n'est pas dans mon caractère; je suis descendu à faire justice d'un seul, parce que ses étranges écarts me mettaient en verve et ranimaient ma gaîté: mais s'il eut été de nature à rougir, à faire l'aveu de son ignorance naturelle ou raisonnée, à s'éclairer avec les faits qui venaient s'entasser sous ma plume, j'aurais aimé cent fois mieux jeter un voile officieux sur ses écarts, comme firent les enfans de Noë sur la nudité de leur père, et acheter, en le mettant sur la route du beau et du bon, un titre à sa reconnaissance.

Vain espoir! quand la satiété de la jouissance des chefs-d'œuvre de l'art a conduit un peuple blasé à renverser toutes les barrières, quand on remplace le goût par l'extraordinaire, et qu'on force la nature pour ajouter à ses charmes, il reste peu de moyens de régénérer la république des lettres; ma voix, comme celle de la vierge de la Bible qu'on viole malgré ses cris dans un désert, se perd dans la vague de l'atmosphère. Cependant j'ai encore quelques services à rendre en ce genre à la première des patries de l'Europe, et je n'aspire point à la gloire futile de mourir.

Plus d'un journaliste réfractaire s'opposera sans doute à la régénération que je désire, et dont mes yeux affaiblis seront peut-être encore les témoins. Il m'importe donc de continuer à signaler leur empire usurpé, par la circulation de ce faible Essai, et les éditions nouvelles qui doivent le suivre; car un pressentiment secret, qui ne m'a jamais trompé, me dit que puisqu'on n'a pu réussir à l'étouffer à sa naissance, il renaîtra comme le polype sous le couteau qui le mutile : le piquant plaidoyer de l'ingénieux de Selves contre les harpies de l'ordre judiciaire, m'en donne l'assurance.

Mais jusqu'à cette espèce de restauration du temple de Jérusalem, je ne me flatte pas de faire beaucoup de prosélytes dans la classe, heureusement très-circonscrite, des journalistes vulgaires auxquels j'ai arraché le bandeau. Quelques hommes de poids m'assurent que j'ai démontré, à la façon des géomètres, l'ignorance invincible et les erreurs malignes de la légion d'Asmodée, que je défie seul à la face de l'Europe. Eh bien ! je prédis que tous mes efforts pour le triomphe d'une vérité utile aux hommes, seront perdus; aucun individu écrivant de la bande noire, n'acceptera mon défi, et comme les léopards ont quelquefois l'allure moutonnière d'un troupeau de daims, je soupçonne que jusqu'au jugement dernier, tous les folliculaires qui auront occasion de parler de l'*Essai sur le Journalisme*, à l'exemple des ennemis que me fit le *Mémoire en faveur de Dieu*, se copieront entre eux sans me lire, et sans soupçonner que j'ai pulvérisé vingt fois leurs erreurs raisonnées et leurs inepties.

Opposons donc encore à l'opiniâtreté d'une

attaque irréfléchie, la pertinacité du courage, dans cette guerre de défense. Les athlètes, grâce à l'explosion du 20 février dernier, ne peuvent plus se dérober aux regards qui les obsèdent, et le public nous jugera.

N'oublions pas que M. C. ou G., ou tout autre chevalier à hiéroglyphe, représente seul la légion Asmodéenne, et que moi, je me constitue seul aussi le Paladin de ce que les maîtres du grand siècle appellent la décence, le goût et la raison. Celui de nous deux qui répondra mal à l'attente du public, sera désavoué par ce premier des Aréopages.

J'ai, encore une fois, d'après mon caractère connu, une grande répugnance à être toujours en lutte avec un athlète qui n'a rien à perdre par sa défaite, mais qui, en qualité d'agresseur, révolterait peut-être l'homme de bien par sa victoire; cependant je saurai la surmonter. Je suis condamné, par la nature du sujet que je traite, à poursuivre ma pénible carrière. Ici c'est moins le sectaire que la secte entière que je dévoile. Or, puisqu'il faut appuyer ma théorie par des faits, il est bien plus simple de les prendre dans le petit libelle, avec lequel une main de fossoyeur a voulu m'enterrer, que dans les feuilles éphémères que je ne lis pas, et où l'on se fait un jeu d'abaisser tout ce qui s'élève et d'élever tout ce qui s'abaisse, suivant le mot de l'Evangile, qu'il est de la bienséance de citer souvent, du mercredi des cendres au saint jour de la Résurrection.

Voici le début de ce petit libelle, dont mon galant adversaire m'a honoré, dans le N° 42 du *Journal de Paris*, jeudi 11 février 1813, libelle qu'on m'a forcé de parcourir, moi qui ne lis rien en ce genre, moi qui aussi ne juge personne : car, si l'ironie s'échappe quelquefois de ma bouche, du moins la justice est toujours dans mon cœur.

M. Delisle de Sales, dit le critique, *a de l'humeur, et je n'en suis pas surpris : on en aurait à moins.*

Voyez d'abord cet Anonyme, qui se cache sous l'hiéroglyphe d'un faux alphabet, et qui me nomme en toutes lettres, pour me faire jouer un rôle dans ses combats de taureaux. L'agression est d'autant plus odieuse, que mon nom ne se trouve point au frontispice de l'*Essai sur le Journalisme;* non que je rougisse d'avouer un ouvrage dont je m'honore, où mon ame, je ne dis pas mon talent, respire

4

toute entière, et qui, malgré les Centuries du moderne Nostradamus, me survivra : mais enfin mon nom n'est pas sur le titre, et ce n'était pas à mon Parthe, qui se cache, à inscrire ce nom sur mon drapeau. Tout cela n'est pas dans les procédés de l'antique Chevalerie.

J'observerai que cette tactique un peu carthaginoise a déjà été employée par d'autres adversaires un peu plus dangereux que le critique, dont ma plume sans venin se joue ici. Le brave M. D du *Journal de l'Empire*, qui m'a mis quatre à cinq fois sur la sellette, par rapport à *la Philosophie de la Nature*, qui l'importunait ; ce même D, que j'ai traduit par P. Janin, me nommait aussi en toutes lettres, quoique mon nom ne se rencontre sur aucune des sept éditions originales de mon ouvrage. Il y a grande apparence que ce M. D du *Journal de l'Empire*, ainsi que M. G ou C, ou qui l'on voudra, du *Journal de Paris*, ne m'auraient pas nommé s'ils n'avaient eu qu'à faire mon éloge.

La même espiéglerie a échappé à M. C du *Moniteur* qui, dans le N° 280 de ce Journal des hommes d'Etat, a fait, à l'ombre d'un panégyrique, une critique un peu insidieuse de mon

Essai sur le Journalisme. Ce M. C qui, avec des principes, a attaqué les principes ; qui, fait pour marcher de pair avec les maîtres de l'ancienne école du bon goût, s'est traîné dans les ornières de nos modernes Erostrates : plus ferme dans sa marche, plus instruit, et surtout plus décent que les Fréron du nouveau régime, laisse trop souvent apercevoir le bout d'oreille du journaliste ; mais il a racheté toutes ces erreurs de circonstances par un style noble et sage, et par le courage qu'il a eu de mettre les poids dans la balance. J'aime à croire que s'il avait prévu, le 6 octobre 1812, jour où parut son analyse, l'explosion qui a eu lieu le 20 février 1813, par rapport à mon *Appel aux Principes*, il aurait moins caressé les préjugés du moment, et qu'il aurait lu un peu dans l'avenir ; ce qui est l'unique moyen de ne point changer de boussole, à mesure qu'on navigue dans la mer orageuse de la littérature. Quoi qu'il en soit, je ne regarde point comme mon ennemi cet adversaire estimable : on ne l'est jamais quand on a un droit à mes éloges et un titre à ma reconnaissance (1).

---

(1) M. C du Moniteur est M. Chéron. On attribua dans le tems l'article dont je m'honore, et dont je me plains, à l'ingé-

(52)

Mais je m'aperçois que je disserte un peu gravement, ce qui contraste avec le ton dominant de cet opuscule : revenons à mon innocent badinage, comme Madame Deshoulières à ses moutons; mon âge me défend de manier la massue d'Hercule, mais il me permet de jouer encore quelque tems avec le fleuret de Lucien.

Mon cher G ou C, ou rien, après m'avoir complettement battu (à ce qu'il assure) dans le N° 42 du *Journal de Paris*, est assez peu généreux pour revenir à la charge dans le N° 52 de la même Gazette. Là il ne s'acharne pas sur mon cadavre, comme Achille sur celui d'Hector, ce que je lui aurais volontiers pardonné; mais il insulte, avec un sourire sardonique, à mes profondes blessures, ce qui n'est ni héroïque, à parler la langue des Paladins, ni Chrétien, pour parler celle de ce saint tems de pénitence.

---

nieux auteur du *Tartuffe de Mœurs*, mort récemment, regretté à la fois des gens de lettres et des administrateurs; mais il est de son frère, auteur d'une petite pièce agréable, ayant pour titre: *l'Auteur et le Critique*, et de quelques articles bien faits, répandus sous le nom de *Véridique*, dans le même journal qui a accueilli mon *Appel aux Principes*.

Assurément, quand on a fait *l'Auteur et le Critique*, on était sur son champ de bataille : on devait respecter l'un et juger l'autre; mais la querelle est finie quand on s'est embrassé.

Je sais bien que j'aurais beau jeu pour récriminer ; mais je me contente de faire observer aux Clorinde et aux Armide, qui assistent au tournois pour distribuer les écharpes et les couronnes, le moment que mon censeur a choisi pour répandre le fiel de l'ironie sur mes blessures : c'est le lendemain du jour où l'explosion de l'*Appel aux Principes* a eu lieu. Il savait bien qu'un public d'élite m'avait pris sous son égide, et que quatre mille exemplaires de mon diplôme de résurrection avaient été répandus sur le champ de bataille : eh bien ! c'est ce moment où le brave chevalier pénètre dans le camp ennemi, où il avait des intelligences, et qu'il déclare que je suis tombé, et que ma *célébrité* est un être de raison.

Comme Paris est plein d'incrédules qui nient ce qu'on ne leur fait pas lire, et qui après avoir lu doutent encore, il faut mettre sous les yeux les deux textes suivans de la longue plaisanterie de mon Aristarque :

« Ce n'est point moi qui ai fait tomber l'*Essai*
» *sur le Journalisme ;* le mal était fait quand
» je suis arrivé. »

« Je n'ai point cherché à étouffer la célébrité
» de l'auteur ; car c'est de lui seul que je tiens
» qu'il est célèbre. »

Ces phrases bannales, qu'avec un esprit faux on peut appliquer à tous les livres qui importunent, ne me blessent en rien : je prie seulement, ainsi que je l'ai dit tout à l'heure, de remarquer l'époque où elles ont été écrites, époque où, mentant au Saint-Esprit, on annonçait ma chute, quand j'avais triomphé. Le trait est curieux; même dans les annales du Journalisme. Il faut croire que mon jovial adversaire ne se tiendra pas pour battu, et qu'il accumulera réponses sur réponses, et plaisanteries sur plaisanteries, jusqu'à ce que cette lourde masse s'élève à un volume de la grosseur du mien. Ce sera à moi à voir si quelque jour j'opposerai à ce volume, qu'on ne lira pas, quelques lignes, que peut-être, grâce à l'indulgence publique, on lira toujours. Avant de quitter mon adversaire goguenard, dont le nom à hiéroglyphe suffit seul pour épanouir ma rate, je veux, en qualité d'un des Nestor de la Littérature Française, lui donner quelques conseils sur l'art de faire des journaux qui soient lus par d'autres que par des souscripteurs; et pour qu'il m'entende mieux, c'est sur un de ses textes favoris que je bâtirai ma petite poétique; alors son buste sortira de mon atelier, et je n'y ajouterai aucun vers insolent, pour ne pas déparer ma bibliothèque.

Voici l'exorde de son N° 42, qui, à ce que j'espère, fera proverbe dans les annales de la Parade :

« M. Delisle de Sales a de l'humeur, et je » n'en suis pas surpris, on en aurait à moins. » Une correspondance qui n'était pas destinée » à voir le jour, condamne à l'oubli son enfant » le plus chéri, etc. »

L'exorde du N° 52 est précisément jeté dans le même moule; car la variété n'entre pour rien dans le style des fabricateurs vulgaires d'analyses.

« Comment faut-il donc s'y prendre pour ne » pas déplaire à M. Delisle de Sales? Il publie, » sous le titre d'*Essai sur le Journalisme*, une » diatribe pleine de fiel et d'ennui, etc. »

Observons bien ces deux débuts, *M. Delisle de Sales a de l'humeur. — Comment faut-il donc s'y prendre avec M. Delisle de Sales?* Quel ton cavalier et insolent pris avec un juge aussi respectable que le public! Jamais on ne réunit autant d'indécence et de mauvais goût, depuis 1665, où naquit le *Journal des Savans* jusqu'à nos jours : c'est ainsi que dans l'âge de

Louis XIV le professeur d'éloquence Richesource ou le Mascarille de Molière se mettaient à leur aise avec des auditeurs qui n'osaient les siffler. Jamais Voltaire, qui se permettait tout, qui se jouait de tout, mais avec génie, ne se serait permis cet oubli de toutes les bienséances. Il savait bien que quand on aurait créé l'*Iliade* ou *l'Esprit des Lois*, on n'a pas le droit de parler, en jargon de masque, devant les dispensateurs de la gloire et l'éternelle vérité.

Il en a coûté cher à des hommes du plus grand mérite d'avoir, mais sans violer les règles du goût, pris un ton trop tranchant avec un public de choix, qui est presque toujours une postérité vivante ; d'avoir dit avec Diderot : *Jeune homme, prends et lis* ; de s'être permis avec Duclos d'insulter le tribunal entier de ses contemporains, dans sa préface d'*Acajou*. Leur gloire a dormi pendant près d'une génération : mais ni Duclos, ni Diderot ne se seraient permis l'exorde ridicule et sans sel du moderne Mascarille, parce que, malgré leur audace, ils avaient le tact des convenances.

En général la partie épigrammatique de ces deux gazettes est de ce ton cavalier qui rejette tous les freins et décèle l'absence du goût. En voici un exemple tiré de l'anecdote sur *la Philosophie de la Nature, brûlée par le Parlement*, et que le Parlement n'a jamais brûlée. *Il y avait*, dit le compilateur des Ana, *avant la Révolution, une chance bien heureuse pour certains livres ; c'était la brûlure : le Parlement* (prodiguait) *cet honneur.... Cette odeur de papier brûlé avait de la force pour dissiper l'ennui.* Tel est le ton de toutes ses plaisanteries, sans sel, sans grâce et surtout sans diversité. Il se traîne péniblement autour d'un petit cercle et croit, parce qu'il rit en grimaçant, qu'il a saisi le piquant enjouement de Pascal, la touche originale de Voltaire et la légèreté d'Hamilton.

Cependant il était très-aisé à l'enfant perdu du Journalisme que j'ai amené un peu malgré lui sur la scène, s'il avait eu une bonne cause, et surtout s'il y avait joint le talent de la défendre, de mettre les rieurs de son côté, et je vais en indiquer le moyen ; car toujours laisser errer son imagination vagabonde, sans ennuyer l'homme de goût, serait la pierre philosophale. Il faut savoir mettre des ombres dans ses tableaux, passer avec art du ton grave au ton enjoué, et acheter, en éclairant ses lecteurs, le droit de faire naître le sourire sur ses lèvres. Telle a été la marche constante des écrivains qui se sont faits un nom dans l'art difficile de la satire; de Lucien, d'Horace, de Boileau, de Pascal, et surtout de l'inimitable Voltaire, qui a effacé en ce genre tous les législateurs de la littérature qui l'ont précédé.

L'*Essai sur le Journalisme* fournissait une ample matière à ces heureuses transitions. On y trouve à côté des plaisanteries pleines d'innocence, que le sujet faisait naître, une poétique de l'art, bonne ou mauvaise, qu'il était important de discuter; et cette poétique ne consistait pas en quelques paragraphes isolés : voici le tableau que je vais en tracer. Mes nombreux critiques se sont bien gardés de le mettre dans leur galerie de caricatures; ils auraient trop craint qu'on ne le prît pour le miroir des chevaliers danois dans Armide, qui leur aurait offert leurs traits dans toute leur difformité.

La poétique dont je parle commence à la page 27 de mon modeste *Essai*. Le chapitre a pour titre : *Théorie sur la guerre littéraire, imaginée par le Journalisme.*

Le suivant regarde les combattans dans l'arène littéraire; il expose la tactique d'attaque et la tactique de défense.

Après avoir indiqué le passage insensible à l'ère nouvelle du Journalisme, je trace, mais d'une manière rapide, les annales piquantes de la secte, depuis Desfontaines, son fondateur, jusqu'aux échafauds de la révolution. Toute cette théorie va jusqu'à la page 116.

Cette poétique de l'art, à cause de sa gravité, demandait des points de repos.

Le secret d'ennuyer est celui de tout dire.

Mais je reviens à ma théorie favorite, vers la page 169, et je la conduis, d'une manière un peu moins sévère, à cause du récit des jolies espiégleries des agens du Journalisme, dont j'entremêle mes préceptes, jusqu'à la page 218: cette poétique embrasse en tout 138 pages; ce qui ne laisse pas que de mériter quelque attention, dans un ouvrage qui n'en a en tout que 350. Or aucun des critiques qui se sont égayés ou égarés sur mon livre, n'a dit un seul mot de ma poétique : l'ombre d'un travail sérieux aurait effarouché leur insouciance favorite et leur pesante gaîté.

Cependant, il était de toute nécessité, pour avoir quelquefois raison devant un public de choix, d'attaquer les bases de ma théorie; car si j'ai tort, tout mon édifice s'écroule, et l'égoïsme même des Journalistes est dispensé de me réfuter.

Eh bien! par un esprit de vertige qui, comme dans les annales de la Bible, semble le sceau de la réprobation, aucun des Journalistes qui se sont amusés à me disséquer tout vivant, n'a dit un mot de ma poétique de l'art; ni P. Janin du *Journal de l'Empire*, ni l'estimable Chéron du *Moniteur*, et encore moins le critique pesamment folâtre du *Journal de Paris*, qui réveille toujours en moi l'envie de rire, toutes les fois que je jette les yeux sur ses arlequinades.

Faisons un moment diversion à tout cet attirail de guerre, à tous ces enfans perdus du Journalisme, pétrifiés par la tête de Méduse ou pourfendus dans la mêlée, au moment où ils ouvraient la bouche, pour maudire les philosophes. L'état permanent de guerre est fait pour effaroucher ces Nymphes timides qu'on appelle les Muses ou les Grâces : j'aime bien mieux payer un moment la dette de la reconnaissance au galant homme qui a accueilli mon *Appel aux Principes* dans le *Journal de Paris*; qui, par un mouvement spontané de justice distributive, l'a placé dans son feuilleton du 20 février entre le libelle du 11 et celui du 21, afin de neutraliser le poison par l'antidote. Je m'attendais peu à tant de loyauté, ayant été, pour la même cause, repoussé quatre mois auparavant du *Moniteur*, par un homme éclairé et un homme de bien sans doute, M. Sauvo, mais qui, journaliste lui-même, et n'osant dépouiller le vieil homme, oublia un moment d'être juste envers moi. Le rédacteur en chef du *Journal de Paris*, supérieur à toutes les petites querelles de l'amour-propre offensé, ne me répondit point, mais m'envoya par la petite poste le feuilleton mémorable qui amena l'explosion du lendemain.

Ce trait est d'autant plus beau, que jusqu'alors je ne le connaissais que par les prix qu'il avait gagnés à l'Institut. A peine deux ou trois fois avais-je eu l'occasion de lui parler un moment à lui-même :

Virgilium tantùm vidi.

Je le prie d'agréer ici l'hommage de ma vénération pour sa vertu : je ne parle pas de son talent, il est au-dessus de mes éloges.

Comme je suis dans mon élément quand mon cœur sensible s'épanche, je profite de cette occasion pour réunir dans le même hommage de vénération et de reconnaissance un journaliste à la manière de Bayle et de l'abbé Prevost, qui, dans les N°s 583 et 586 du *Mercure*, a le premier dit sa pensée, soit en critique, soit en éloges, par rapport à l'*Essai sur le Journalisme*. C'est un modèle d'analyse : il ne parle pas, mais laisse parler l'écrivain qu'il veut montrer sous toutes ses faces. L'idée est neuve, mais ne sera point adoptée par les journalistes à hiéroglyphes, parce qu'elle les condamne à lire l'ouvrage qu'il est si commode de se contenter de déchirer. L'homme de goût qui a adopté cette marche ingénieuse dans deux numéros du *Mercure* signe A.-Z., comme s'il embrassait les divers caractères de la langue dans son domaine: au reste, c'est à lui qu'il appartient d'illustrer toutes les lettres de l'alphabet.

Après avoir respiré un moment en payant la dette du cœur, revenons le lendemain de la mêlée sur le champ de bataille.

Là j'aperçois une espèce de squelette ambulant, qui avait oublié la veille de se faire tuer. Il portait trois noms de contrebande, ce qui était n'en avoir aucun. Vous croyez donc, me dit-il, m'avoir tout-à-fait enterré; vous êtes dans l'erreur : je représente, comme vous l'avez fait entendre vous-même, la *Légion* de l'Evangile; vous ne pouvez faire mordre la poussière à l'un des individus qui la composent, sans que vingt autres viennent à l'instant le remplacer. Eh! que nous importe votre poétique, à nous qui avons à peine le tems de lire les épreuves de nos triomphantes analyses ? Nous avons parmi nous une douzaine de Législateurs qui ne discutent pas, mais qui décident; qui ne s'amusent pas à capter la bienveillance d'un public de choix, mais qui lui disent : *tel est notre bon plaisir.* Croyez-moi, laissez-là votre logique de Port-Royal, votre poétique de Boileau, et croyez qu'on n'enterre pas des critiques hebdomadaires ou quotidiens qui s'appellent *Légion.*

Ce trait de lumière me frappa; je gardai un silence prudent, et intervertissant l'ordre de mon Paladin, je renvoyai l'examen du sophisme de mon Légionnaire à ma péroraison.

Le système que les fabricateurs vulgaires d'analyses ont eu l'adresse de substituer à la fatigue toujours renaissante du raisonnement, est d'une simplicité qui sourit singulièrement à la paresse. On prend une ligne dans une page, on la coud avec art à une autre, qui se trouve vingt ou trente paragraphes après : on les oppose l'une à l'autre, grâce à la figure que les rhéteurs appellent l'antithèse, et l'on fait dire par ce moyen à un auteur précisément le contraire de sa pensée. Cette petite escobarderie réussit d'ordinaire, parce qu'il est peu de lecteurs qui se donnent la peine de vérifier les passages. L'homme sans principes, qui ne veut que s'amuser, rit de l'écrivain qu'on défigure; l'homme de goût, qui n'a pas le loisir de consulter les textes, rit à-la-fois de l'auteur défiguré et du censeur qui défigure; et voilà, dans un siècle apathique et frivole, comment se font et se défont toutes les renommées. Rendons grâce à la garde prétorienne de la Littérature, qui interprète tout, qui répond à tout, en disant : Je m'appelle *Légion*.

Il y aurait un terme peu noble, il est vrai, mais très-expressif, pour désigner ces phrases parasites, employées par le Légionnaire pour se dispenser de raisonner et même de lire : je demande la permission de lui donner le nom de *Passe-partout*. Un Aristarque de la force de celui qui s'est égayé deux fois, à ses propres dépens, dans le *Journal de Paris*, sur deux de mes ouvrages, a singulièrement abusé de l'usage de ces *passe-partout*. Je les compare;

mais pour les ennoblir un peu, à ce *Jardin des Racines Grecques*, que les écoliers, dans l'hellénisme, apprennent par cœur, pour se dispenser de lire dans la langue originale Homère, Thucydide et Anacréon.

Par exemple, voici une phrase du joli petit libelle, qui a décoré le N° 52 du *Journal de Paris*, qu'on peut regarder comme un modèle de *passe-partout*. « Monsieur D. (avec mon » nom en toutes lettres) publie une diatribe, » pleine de fiel et d'ennui, contre tous ceux qui » osent douter de ses droits à l'immortalité. » Il n'y a pas un seul des hommes qui ont lu mon *Essai sur le Journalisme*, à qui il ne soit démontré que je n'ai de ma vie parlé de mon immortalité. Est-ce que c'est moi qui la distribue ? est-ce que je compile des gazettes ? est-ce que j'ai le malheur d'être journaliste légionnaire ? Mais, encore une fois, mon adversaire s'est fait, avec intelligence, ou sans intelligence, une petite collection de *passe-partout*, avec lesquels il ouvre toutes les fausses portes de notre littérature bâtarde. Quant au véritable temple de la renommée, c'est une espece de colonnade circulaire, à cent portes, et dont le ciel forme la voûte. Il ne faut point de clef de contrebande pour s'y introduire : tout s'y voit d'un coup-d'œil, à moins qu'on n'ait sous les yeux le triple bandeau des agens du Journalisme. Au reste, ces derniers, même sans bandeau, fermeraient volontairement les yeux, pour ne point compromettre leur vue dégradée, au milieu de cet Océan de feu et d'immortalité.

Pour rendre inutile la tactique des hommes à *passe-partout*, surtout quand, cachés derrière leurs hiéroglyphes, ils décochent bravement leurs flèches contre tous les littérateurs dont la célébrité, juste ou illégitime, les importune; je ne vois qu'un seul moyen, que la guerre de défense autorise, c'est de lever le voile de l'anonyme qui les couvre et de les nommer en toutes lettres. Je déclare, en mon particulier, qu'à l'exception du seul pseudo-critique dont j'ai fait justice, et que par excès de philanthropie je craindrais de dévoiler, j'ai le signalement de tous les hommes, à lettres de contrebande, qui se partagent, sans brevet, l'empire des grands journaux de la capitale; et je me propose bien de faire tomber les masques à tout anti-littérateur qui ne respectera pas la décence, le public et la vérité. Quoiqu'en qualité de Lévite, je sois chargé de veiller à la garde de cette Arche sainte, je consens que les agens du Journalisme les violent sans cesse, en parlant de mes faibles ouvrages : je garderai à l'égard des infracteurs le secret des conjurés; d'ailleurs si, malgré leurs anathêmes, le public indulgent continue à me lire, je dirai comme Théodose, dont on mutilait les statues, *je ne suis point blessé.*

J'arrive à la dernière scène de la petite conspiration, ingénieusement ourdie, pour étouffer mon *Essai sur le Journalisme.* Ici je n'ai que des demi-lumières à offrir; car je n'étais pas avec les conjurés quand ils délibéraient, et ils avaient sans doute bien pris leurs mesures pour que le secret ne transpirât pas. Voici tout ce que mon homme du monde, qui m'a tant servi pour la composition de cet opuscule, a pu, à force de recherches furtives et minutieuses, me transmettre, et encore je prie mes lecteurs de n'y ajouter que la foi due aux jolis contes d'Hérodote; car il n'y a de vérité historique pour nous que depuis l'ouverture de la guerre du Péloponèse.

Le mardi 16 mars 1813, s'il en faut croire ma chronique de Bénédictins, il se tint, je ne sais où, une assemblée des actionnaires du *Journal de Paris*, pour prévenir les suites de l'explosion de l'*Appel aux Principes*, qu'on avait été obligé de réimprimer au nombre de quatre mille exemplaires. Il y a des plaisans partout, même parmi les Bénédictins : le chroniqueur ajoute, que les journalistes, qui servaient de guides aux actionnaires, parurent en pleureuses, comme prévoyant le convoi funèbre du Journalisme : je n'en crois rien, parce qu'il n'y en a presque point parmi eux qui ne se soit donné un diplôme d'immortel. Ce qu'il y a de plus certain, c'est qu'il fut statué que le manuscrit du *Retour aux Principes* serait renvoyé à son auteur, et qu'on ne prostituerait plus le *Journal de Paris* à servir d'asyle à-la-fois et aux hommes sans nom qui injurient les passans, et aux hommes publics qui, en signant leurs noms en toutes lettres, demandent raison des injures.

L'anecdote la plus plaisante du conciliabule, je ne dis pas la plus authentique, car je ne marche ici qu'au milieu des ténèbres palpables de l'enfer de Milton, c'est qu'il fut statué par les conjurés que les journalistes formaient une corporation; qu'il leur était permis d'attaquer tout le monde sans danger, mais qu'on ne pouvait repousser leur attaque sans encourir la peine du délit de lèse-majesté littéraire. Dans l'hypothèse de la vérité du fait, que je suis loin d'admettre, il s'agirait de savoir si un Gouvernement robuste, comme ils doivent l'être tous, quand ils reposent sur les mœurs et les lois, descendra à tolérer de pareils priviléges ; surtout quand ils ont été solennellement anéantis, dans la fameuse nuit du 4 Auguste, qui a semblé légitimer les délits de la révolution. Mais je m'aperçois que je raisonne au lieu de rire ; et en vérité j'ai grand tort, surtout quand je n'ai que des quarts de probabilités, et que, comme Ixion, je ne me bats peut-être que contre des nuages.

J'ai, si je ne me trompe, assigné une place honorable à plus d'un membre de la Légion Asmodéenne, dans le Nécrologe des Bollandistes. Ces *Acta Sanctorum* n'ont encore que cinquante-deux volumes *in-folio* : mais si jamais l'Année Sainte se complète, la collection ira jusqu'à quatre-vingt. Il y a là de quoi enterrer tous les agens du Journalisme, depuis Desfontaines jusqu'à C ou G, d'une sinistre célébrité ; mais Dieu m'en garde : je n'offre point de sacrifices au Saturne de Carthage, par Hécatombe.

Je conclus mon plaidoyer, en priant le Dieu

de miséricorde, en ce saint tems de pénitence, de pardonner à mes amis les journalistes, pourvu qu'ils lisent, et qu'ils ne conspirent pas : je pardonne aussi de mon côté à M. C plus G, moins rien (car la langue de l'algèbre ne m'est pas inconnue.), de m'avoir affublé de deux lourdes facéties, dans le *Journal de Paris*, sans la plus légère aggression de ma part, et je lui pardonne d'autant plus volontiers, que j'ai beaucoup ri en l'honorant d'une réponse.

DE SALES.

NOTE BIBLIOGRAPHIQUE

Sur le Recueil de mes Ouvrages.

―――――

Un plaisant, ou du moins qui croit l'être, a imprimé dans le *Journal de Paris*, que j'avais écrit cent volumes : cette largesse m'a fait éprouver le rire inextinguible des Dieux d'Homère à la vue du filet de Vulcain. Revenu à mon état de calme, j'ai voulu épargner à mes historiographes, si j'en trouve quand je ne serai plus, l'embarras de reconnaître et de classer mes productions pendant plus d'un demi-siècle de travaux.

Il a fallu, pour classer à peu près tout ce qui a échappé à ma plume dans les genres divers où mon imagination active s'est exercée, en faire un aride dénombrement, et surtout examiner le nombre de volumes d'une grosseur raisonnable, auxquels la collection s'élèverait, si on me faisait l'honneur, quand je ne serai plus, de surcharger de ce qu'on appelle mes Œuvres les rayons des grandes bibliothèques.

Voici les élémens de mon évaluation, que je soumets à la critique, non des journalistes qui ne sont pas juges compétens, mais des paisibles bibliographes.

J'ai pris pour base de mon travail les quarante volumes de mon *Histoire de l'Antiquité*, plus connue sous le nom d'*Histoire des Hommes* : ce sont les seuls qui soient de moi, et dont je doive répondre devant la postérité, si j'ai le bonheur d'y atteindre.

L'édition in-8° encadrée de ce grand ouvrage n'a, contre les principes de l'art typographique, que des pages de vingt-trois lignes : d'ailleurs les tomes ne forment que des demi-volumes. On sent combien il serait absurde de comparer de pareils avortons avec des volumes de poids, tels que l'*Histoire universelle Anglaise*, imprimée par Moutard, ou les *Lettres de Cicéron*, qui font partie du recueil des Œuvres de l'abbé Prevost.

Au reste, je me tiens à un point moyen dans mes évaluations : il fut un tems sous Louis XIV où les in-8° les plus à la mode contenaient jusqu'à 1260 pages : j'ai dans ma bibliothèque un *Grand Cyrus* de Scudéry, dont la troisième édition, imprimée chez Courbé en 1653, a dix volumes dont le plus léger offre 1100 pages. Je suis étonné que Boileau ne se soit pas égayé sur ces masses littéraires, dans son chef-d'œuvre du *Lutrin* : je n'en parle, au reste, que pour sauver l'aridité de mes calculs par une anecdote.

Une édition vraiment faite pour des ouvrages du genre de l'*Histoire des Hommes* est celle du Voltaire de Beaumarchais, en 70 volumes. J'ai donc pris quelques tomes de cette édition, en caractères de Baskerville, et j'ai cherché, le calcul arithmétique à la main, à combien se réduiraient les quarante volumes de ma collection historique, si on les mettait en regard avec ceux de ce *Voltaire*. Il est inutile de m'étendre sur la patience singulière avec laquelle j'ai tenté de résoudre le problème ; il suffit d'annoncer que j'ai compté non-seulement les lignes, mais encore les lettres qui les composent, pour arriver à une plus grande approximation dans les résultats. Mes quarante volumes mis dans un pareil creuset se sont réduits à treize.

Les étrangers avaient tenté avant moi cette juste réduction. On voit dans la *France Littéraire* de J. S. Ersch (Hambourg, Hoffmann, 1797, tome II, page 221), que mon *Histoire des Hommes*, traduite en allemand par Moh. Hismann, de 1781 à 1792, n'avait produit que seize volumes, qui ne sont rien moins que d'une force raisonnable. Je m'en tiens donc à ma première réduction en treize tomes ; et si, pour ne pas faire un double emploi, on retranche encore trois volumes pour le *Monde primitif*, qui sera calculé à part, pour les Mélanges sur les Empereurs Romains, etc., qui font partie d'autres opuscules, il faudra, en dernière analyse, réduire à dix mes treize volumes.

Ce compas de proportion peut s'appliquer à mes autres ouvrages.

Mais avant de m'occuper de ce dénombrement, je dois d'abord m'inscrire en faux contre une espèce de poëme épique, dénué de goût, de verve et souvent d'idées, dont les bibliographes connaissent l'auteur, M. L... Je ne le désigne que par sa lettre initiale, parce que j'ignore si depuis l'an 1764 que le livre commença à s'imprimer, il y a environ un demi-siècle, l'auteur vit encore. Il est vrai que consulté sur un chant où Boileau, Racine et tous les Législateurs de la poésie française étaient détrônés, j'osai répondre en envoyant un chant nouveau que, contre mon attente, mon ami adopta. Je n'indiquerai pas même ce chant, parce qu'il ne faut pas réveiller la cendre des morts.

Voici donc la nomenclature de mes ouvrages, bons ou mauvais, que j'abandonne à mes amis les journalistes, pour en faire la dissection; j'y joins le compas de proportion; pour ne pas arriver à la célébrité que dispense la haine irréfléchie, avec un trop gros bagage.

Philosophie de la Nature, honorée, sans intrigue et sans brevet dispensé par les journaux, de traductions allemandes et espagnoles. J'ai fondu dans cet ouvrage les trois éditions diverses de la *Philosophie du Bonheur*. Si l'on veut rendre les dix tomes de la septième édition originale de cette *Philosophie de la Nature* à peu près égaux à ceux du Voltaire de Beaumarchais, ils se trouveront réduits à six volumes.

L'Essai sur la Tragédie, dont on compte trois éditions, le *Théâtre de Sybaris*, le *Vieux de la Montagne*, rectifié et refondu dans *Tige de Myrthe et Bouton de Rose*, se trouvent un peu plus dignes de l'indulgence publique dans les six volumes de mes *Œuvres Dramatiques et Littéraires*, qu'on n'a point encore annoncées depuis près de trois ans, quoique le Journalisme n'y joue aucun rôle. Les six volumes, d'après ma table de réduction motivée, en formeraient à peine trois.

L'Histoire des Hommes, nous l'avons vue, par la table de réduction, circonscrite dans le cadre étroit de dix volumes.

L'Histoire du Monde primitif, réimprimée quatre fois et honorée de traductions étrangères, a dû être détachée, comme nous l'avons vu, de *l'Histoire des Hommes*, pour ne point faire un double emploi. Ses sept volumes n'en font que trois d'après ma table de réduction.

Eponine, qui n'est qu'une seconde édition rectifiée

de la petite *République* en douze volumes, petit format, honorée d'une traduction hollandaise, forme dans l'in-8° six volumes : mais comme les *Constitutions éphémères*, qui ne sont pas mon ouvrage, s'y rencontrent, ce qui est de moi se réduit à peine à deux volumes.

Paix de l'Europe : ce livre réuni à plusieurs opuscules, tels que les Mélanges sur les Césars de Suétone, formeraient à peine un volume.

Il en est de même du *Mémoire en faveur de Dieu*, avec sa Défense, et la petite diatribe contre Lalande l'astronome.

Le Journalisme, tel qu'il est dans cette première édition, si l'on y réunit le Mémoire en faveur des Déportés de Fructidor, le plaidoyer pour les Académies, et quelques autres opuscules, s'éleverait à peine à la grosseur d'un bon volume.

J'en dis autant des diverses éditions de la *Lettre de Brutus*, des *Paradoxes*, et de quelques autres Essais de ce genre, qu'il est bien difficile de retrouver dans le commerce. Je n'en fais pas assez de cas pour leur procurer les honneurs éphémères d'une résurrection.

Malesherbes, *Louis XV* et *Louis XVI* ont un peu plus de consistance. Je m'honore de l'impartialité courageuse que j'ai mise dans ces écrits Je ne crois pas que la dent du Journalisme y ait mis son empreinte. —Ils formeraient entre eux deux un bon volume.

Je ne dois pas faire mention ici des supplémens dans le format in-12 aux *Histoires de l'abbé Millot*. Les innombrables cartons, qu'une censure incertaine y a glissés sans mon suffrage, ont déterminé l'autorité publique à faire supprimer mon nom des frontispices.

J'attendrai donc que ces ouvrages soient imprimés in-8°, et sur-tout rectifiés, pour les faire entrer dans le recueil de mes Œuvres. Cependant il est possible de tirer dès à présent, des *Supplémens de Millot*, la matière d'un bon volume.

Maintenant voici le tableau complet des volumes, d'une force raisonnable, qui formeraient la collection complète de mes faibles ouvrages.

Philosophie de la Nature,	6
Œuvres Dramatiques,	3
Histoire des Hommes,	10
Histoire du Monde primitif,	3
Eponine,	2
Paix de l'Europe, etc.,	
Mémoire en faveur de Dieu,	
Lettre de Brutus, etc.,	6
Journalisme, etc.,	
Malesherbes et Louis XV,	
Supplémens de Millot,	
Total,	30

Voilà donc à quoi se réduisent les cent volumes, dont m'affuble de son autorité privée, le Parthe, sans nom déclinable, du *Journal de Paris* ; le joyeux auteur de *la Pucelle* aurait dit à ce sujet :

Puis, fiez vous à messieurs les Savans.

Cependant le grand homme aurait tort ; car il est bien avéré que le titre de *Savant* n'entre pour rien dans les sept quartiers de noblesse littéraire de l'anonyme.

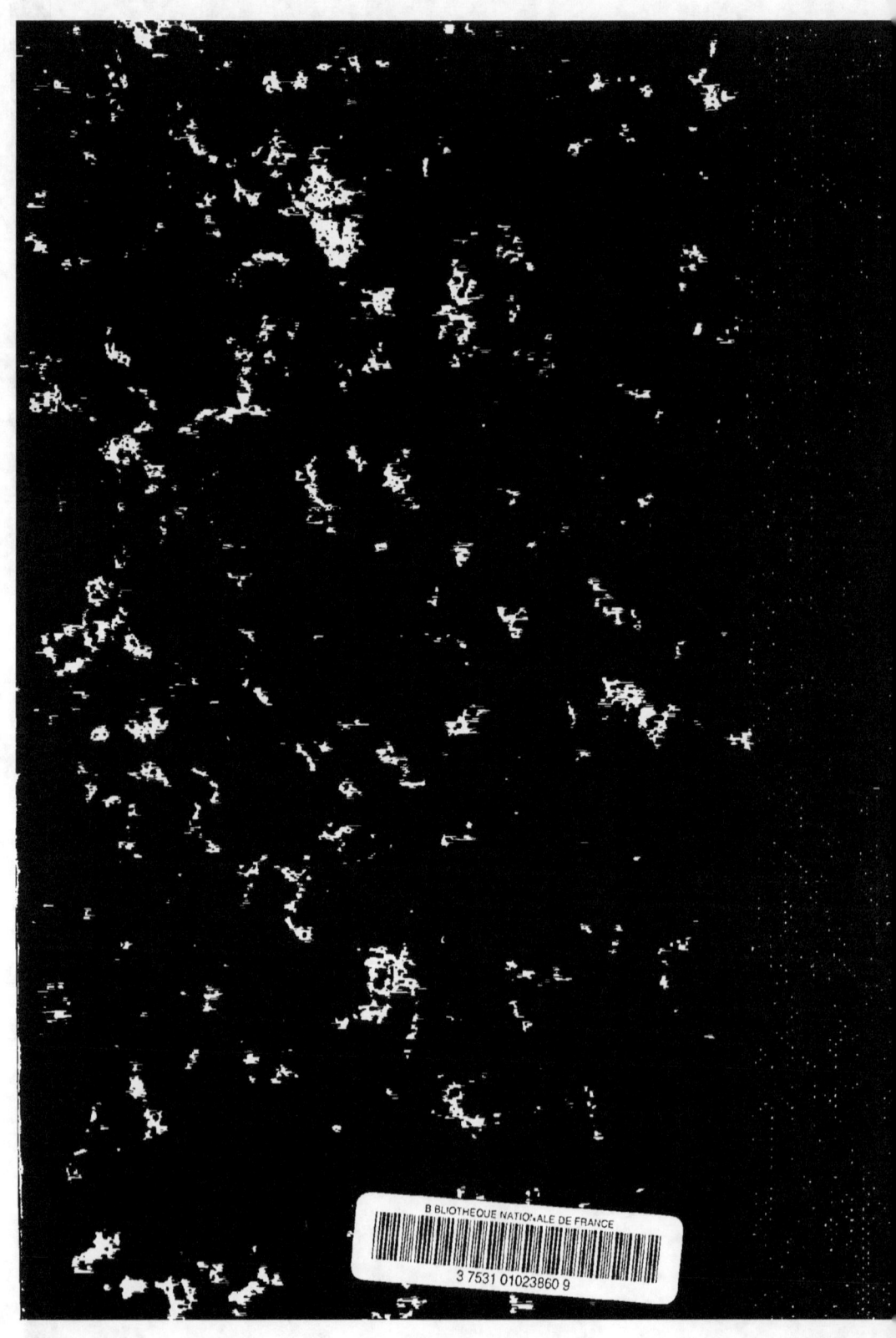

www.ingramcontent.com/pod-product-compliance
Lightning Source LLC
LaVergne TN
LVHW050604090426
835512LV00008B/1345